Un recueil d'écrits

AF143609

De l'enfance à l'adolescence

De l'enfance à l'adolescence

Kerguelen Alemanni

Édition : BoD – Books on Demand, info@bod.fr
Impression : BoD – Books on Demand, In de Tarpen 42,
Norderstedt (Allemagne)

Impression à la demande

Illustration : Kerguelen Alemanni

ISBN : 978-2-3225-0173-1
Dépôt légal : décembre 2023

On vit, on grandit, on apprend, on aime, on souffre, on recommence et le temps passe.

Cet œuvre existe pour ne pas oublier. L'enfance est passée sans que j'aie eu le temps de réaliser l'importance du souvenir, c'est pour cela que je recolle les bouts de sa fin avec mon adolescence.

L'adolescence est un temps sombre, cela se reflète beaucoup dans mes écrits. Mais vous y trouverez aussi des joies, des réflexions, des découvertes, et, évidemment, des amours.

Dans mes écrits j'ai tendance à me prendre au sérieux, après tout, pour faire de l'art il faut se croire artiste… Mais je ne prétends pas l'être, car mes idées et mes mots me viennent seulement lors d'un état d'esprit que je ne peux contrôler, que je ne peux demander ou invoquer à ma guise. Et quand je présente mes textes, cet état n'est plus en moi.

Il faut aussi garder en tête que l'âge joue sur la qualité des textes, mais joue également la complexité émotionnelle, les principes et connaissances acquises. Et pour cela je remercie mes professeures de littérature anglaise et française, qui m'ont toujours semblées brillantes, et mes parents, pour l'éducation qu'ils m'ont donnée, à laquelle je ne vois que très peu de défauts.

Table des matières

13 ANS _____ 9

14 ANS _____ 19

15 ANS _____ 24

X_____ 41

16 ANS _____ 58

17 ANS _____ 81

Sarah_____ 88

13 ANS

A room, full of broken beings,
Drying their sanity off with acid
With white smoke stuck to the ceilings
looking like clouds for the 'lucids'

In a corner alone lays this child
He is facing his worst fears.
Reassuring himself on a loop repeats 'im fine'
On his face a mad look; a demon appeared

A death-like creature,
something against all nature,
Turning one by one his friends in abominations
'You'll have no rest in my possession'

Now the boy cowers, arms around his legs,
Closing his eyes hoping for an escape,
But the drug hits his few happy memories
Turning them into well-made tragedies.

He understands those are only hallucinations
But can't help wanting to end his fiction
in any possible way.
May god forgive him later, when to the devil he'll
pray.

Theos didn't answer his call...

'So you're just gonna watch me fall?'
As he can still feel the weight of his demons
And their fingers touching his empty tab.

knowing that his calvary will be over soon,
'Just gotta wait till next noon'
But he quickly looses control of the time
And on his panic says his last goodbyes

———————   .

Hell is on earth, don't tell me the opposite
Why do you even think we exist ?
To complete a task, a quest ?
Fulfill it with your unknown,
Of it I say a test.

A test, for what though ?
To pass the Styx that's what they say
Our good intentions we have to show
And to a god I shall always pray.

But if god put us there
He probably had his reasons
In a past life did I commit trahison ?

So must I be sentenced,
For something I don't remember of ?
My answer to this is silence ;
the only thing he answers of.

Is he playing a game ?
Not caring about the distress,
As if we're just pawns in a frame
Is it in his interest ?

But like Prometheus,
must we endure this pain?
Death will come for us
And to her I'll wave.

———————

Il avait compris la vie
Et comment elle fonctionne
C'était un fils de dieu
Comme nous sommes des fils d'hommes

Il est arrivé sur terre sans notre connaissance
Et dans le cœur des gens a fait connaître la renaissance.

L'amour qu'il donnait était gratuit
Mais l'humain est cupide
Plus il y en a pour un,
Moins pour autrui.

Ils se sont donc battus dans le plus grand des vacarmes,
Ont enlevé à l'amour tout son charme,
A la fin ce ne fut que leurs combles
De déposer des fleurs sur sa tombe.

_____

Des couleurs fades et les âmes déteintes
Tous les fadas rêvent de presser la détente
Ta vie s'étire, s'allonge et s'éteint
Comme devant un film, t'as qu'à te détendre

Le temps est une joie que l'ennui reprend
Et ton envie d'en finir un conditionnement,
Sachant pourquoi tu veux voir ta tombe :
À six pieds sous terre ne craindras plus le monde

_____

As I walked out, the sky had turned grey, a deep and oppressive grey, something I would be scared of if I didn't know it was the seasonal change, from yellow to grey and from a concert of birds to a slow silence, as if every animal prepared themselves for a major prey, hidden somewhere in the dark cotton land. Droplets begin to fall in rhythm, a melody sent from the above. Clearing out the pavement of old newspapers, used cans of beers and the faded colors of a chalk's drawing, like a river of nothingness. like a reset in time, flowing away with our memories, may them be joyful or full of tears. A quick refresh from the past, an open door, made to reflect or admire.

———————————

La décharge s'écoule dans son corps
Il tremble quelques instants puis est mort
Un criminel, un hors la loi, un assassin
Serait mort sous le marteau de la loi ce matin

Les sages nous répètent
Que c'était pas mérité
Qu'il faudrait que l'on arrête
Toute cette cruauté

Le mal par le mal ce n'est pas bien
Mais l'est-il vraiment ?
Lorsque nous sommes faces à quelques crétins
Qui ne goûte qu'à leurs propres médicaments

Une vie est importante malgré tout ce que l'on fait
Mais supprimer la vie d'autre gens
Malgré toutes celles qu'ils ont supprimées... ?
C'est une question de morale, pas un choix du gouvernement
Même un référendum
Ne donnerait le bon jugement

—————————

She is a warrior
Powerful and smart
Made as if you were born
to die in her arms

Behind her,
Off the trail she made
only is silence, lifeless bodies
and broken glaves

Like a raging bull
She let herself fall back on pain
Pain becomes hateful
And so blood goes down the drain

Her smile grows as she consumes it
Mustn't she have already ended this?
What she has done everyone knows,
Why? No one but her sees the causes

A god or a demon would you say
Yet she's none of the things you portrayed
Where is she going to next?
To a battle you possess

———————

Behind the glass, I'm here starring. Starring at all and
nothing. At all the people down the streets, at all the
shops, at all the small birds flying high, at all those
young lovers holding hands, new to love, and at all the
roads, busy roads, full of stress. Who could have
thought that, just a window, could feel like the most
unbreakable prison bars to exist? They say you want
most what you can't have. Now I see they didn't lie.

Can the teacher keep talking, it fills the silence felt in the room, the same one that grows when looking out of the cell. The faraway murmurs fill the void, but their sound is always grey, repetitive and it seems like every sentence is a soapy rope, that you need to hold onto in order not to fall. I've fallen long ago, I gave up. Who cares about what they say? Who cares about what they tell us to learn? When I look out of the window, when I look at freedom, I never see this room. When I look at freedom, I don't see the future, nor do I think about it. I am only relaxed. I know that, during those times, if you'd put me on the sidewalks or in the park next to the school, I would stay there all day and all night, admiring. Anything could seem less like monotony than this class where only the tics of the clock and the voice of the juvenile guard can be heard, as background noises, to my thinking. Sounds are my definition of life and my definition of death; it always depends on who I am in the moment. Here, it's deathly, heavy like before a storm. A storm that I'm powerless and unwilling to fight against. That is where I find the calm. I could never be a prisoner; suicide would tempt me too soon. In a totally inescapable place. There is no way I'd survive when the only freedom I've left is the one to take my life.

_____

I've seen people in love
They seemed happy
For them to say they will never leave each other
While they roll and fuse together
till sunrise
Like a wave
They made one
crushing in the sand
Always getting back up
never tired
As if they knew this wouldn't last
As if they knew they had to make the most of it

_____

14 ANS

The sun is grey, so are the trees
My feeling's grey, so is the breeze
Isn't there anything not boringly lethal ?
Yes, only my tears aren't faded, they're made of crystal

Monotony is my prison
And I am my own cell
I feel like I'm in a fiction
Because my life's drawn with pastels

Should I know how to get out of here ?
And does everyone feel the same ?
I am numb, I do not fear
But should I have someone to blame?

———————————

J'ai goûté à l'amour comme à tout autre plat
Je vais pas vous mentir ça ne me déplaisait pas
Se balader, jouer la fidèle, aimer sans cesse
Tellement d'arômes sans une goutte de vinaigrette

Sachez que la saveur est partie petit à petit
« Cupidon pour notre amour, décoche une autre de tes flèches ! »
Après ça, le goût est revenu, mais plus aigri

Et au beau milieu du plat je pus voir arête

Les douceurs étaient dissoutes, venaient donc les agrumes
La flèche qui m'eut rendu heureuse, me taillait l'estomac
Et maintenant, quand je repasse devant les endroits où nous fûmes
Je me rappelle que la vengeance est un plat qui se mange froid.

_____

One day I'll bloom

As a bird fluttering down the dune
Like a weak light in a harsh shade
I'll grow slowly like the face of the moon
When the blizzard starts to fade

I'll fleurish like the sunrise after a cold night
I'll fleurish like guns after a violent fight
I'll be the strongest out of all others
And I'll stand proud but gentle in the winters

ill finally know how, when and why
I am part of the sea, earth and sky

I'll see past all physical aspects
I'll be ethereal, like life and death

_____

En temps de pluie, vent et grêle
Le cœur réchauffé seulement par une veste
Hands in pain and heartache
Though I'm still alive, 'God bless'.

Who would have thought the night comes so suddenly?
For I was born yesterday
Que la lune est belle sur une terre sans patrie
Et que le monde est moche quand ombragé

Sur ce chemin sinistre, pavés esclaves de la route,
Un cimetière est face à l'école,
I guess all plants die from the root
And when it'll be the end there'll be no one to call

_____

Une silhouette, loin, surmontant la hauteur. Il fait noir, tellement noir, et ce depuis longtemps. La porte de sortie à ce cauchemar, est la seule qui lui reste à présent. Celui qui pense totalement par lui-même est le même que celui apprenant seul à nager. Seul dans une mer infinie, peu sont ceux évitant de se noyer. Il s'assit, face au monde, il parait si beau vu de haut. Mais en regardant de plus près cette fourmilière, à chaque seconde, n'est qu'injustice, peine et ego. Balance ses jambes, calme. Il ne trouvera pas la paix ce soir mais bientôt atteindra son graal. L'univers l'étouffe, chaque jour il suffoque. L'oxygène est rare, dans une apocalypse personnelle, sous constant choc. Personne ne s'y attendra, sauf ses ombres et voix. Si les autres ne comprennent, qu'ils prennent une grosse taffe d'air, ils comprendront plus tard, quand ils le trouveront par terre. Une seule larme, une larme coula. Devant le trépas, il n'était jamais perdu. Il sourit puis s'élança, enfin ! La mort ne l'effrayait plus.

---

15 ANS

Ô humain, dont les os se brisent dans les eaux sombres, dont la puanteur de la chair effraie plus d'un nourrisson, dont les doigts, vils bâtons amaigris prétendant à la douceur ne sont que articulations et tendons emmêlés, dont le cœur aux battements de tambours mortuaires est séparé de la conscience, conscience avare et malsaine, pitoyable même en pleine santé.

Ô humain, hypocrite tu es, ta langue est plus pervertie que celle de Chiron, abaisse ton égo et regarde les choses en face : la mort ne cessera d'exister pour vous. N'ayez pas la prétention hautaine de penser que dieu vous créa, car ne penseriez-vous pas que vous seriez déjà immortel ? Michaël, ange déchu, perçut en ses torts un moyen de défier la lumière. C'est ainsi que vous naquissiez, au lever de l'aube et à la fin de la paix universelle.

———————

« Qu'ai-je fait de mal pour mériter cela ? »
Je te corrige : de mal ou de bien.
Prie encore, rien ne changera :
La justice est un concept humain

———————

Cher Désir,

Beaucoup te décrivent comme la chaleur dansante d'une flamme. Trop te côtoient, car de te voir indomptable et vif donne une direction à leurs épopées sans sens. Pourtant, mon désir, à mes yeux tu es gelé, tel une dalle de béton en hiver. Tu es cassant, net et tu viens, et tu pars. Sais-tu vraiment ce que tu veux ? Ou le sache ?

Tu m'assaillis froidement d'une beauté vivante, mais sur le seuil du trépas. Statue de fer dans mon esprit temple.

Quelque fois restant attaché à moi, tel un enfant à sa mère. Si bien que j'eue à maintes reprises l'envie que tu disparaisses. Je regrettai alors toujours ces pensées lorsque tu disparus vraiment.

Mon désir, tu embaume mes blessures tout en les déchirant, à ce propos, quel type de docteur n'aime pas son patient ?

Toi, roche glacée, morne et dure, ne fera jamais changer ce que j'apprécie en ma personne, tu sais, tout ce qui t'oppose. Désir tu m'es essentiel, mais, pour toi, mon esprit s'est partiellement composé de haine.

Salutations, rendez-vous aux prochaines larmes.

Kerguelen

———————

Le silence est pesant, l'âme lourde
Comme après le son, de l'arme sourde
Pour le cœur à présent, les larmes ne soudent
Voici l'instant, qu'on ne pourra recoudre

Ères-tu dans ces couloirs sombres
Sans regarder les ombres mystères
Comme tu ne lèves les yeux sur le ciel
Lorsqu'il est en colère ?

Avide mort où es-tu ? que veux-tu ?
Avis de mort, je ne te tente plus ?
À ma peine défaillante même sous perte grandissante
Tu es à peine différente des leurs

L'enfant court mais tombe
Il aurait aimé être un oiseau
Déposez donc sur ma tombe
Mille plumes de corbeau

———————

France grise, triste et monotone en ce jour. Pourquoi pleures-tu ? Qu'as-tu à me dire ? Une fleur et une cérémonie ne pourra nous ramener. Ne pourra sécher les larmes de familles entières. Ne pourra réparer les cœurs de jeunes amants. Aucun hommage ne nous touchera.

Hypocrite est l'homme en costard descendant auprès de mon lit funeste. Il prétend tant de choses. Comme s'il en était vraiment attristé. Un jouet, un pantin de la politique. Irrespectueux de se remontrer devant la flamme chaque année. Sans jamais penser que tout cela fut par sa faute. Sans jamais comprendre le mal fait. Sans jamais dire pardon.

Je ne me suis pas battu pour la France, arrêtez d'apprendre ça aux enfants laissés entre vos mains. Que connaissais-je de la France ? Pourquoi me battre ? Quelles idioties. Guignols en cravate sans cœur. Faites donc semblant de pleurer.

Je ne pleurais pas moi. Futur ? ou imparfait ?

_____

Inconnu, entends-tu mes cris ?
La bonté s'en est allé la joie est partie
Il ne me reste que la chair, des os
Et quelques peines à porter sur mon dos

D'où tu es, vois-tu le soleil ?
Pourquoi fait-il si sombre aidez moi
La chaleur s'est enfuie comme tous ceux qui m'aiment
La seule chose se rapprochant est le trépas

Étranger, le printemps est-il toujours beau ?
Cela fait longtemps que je ne l'ai vu
Mais six pieds sous terre aussi, je ne le verrai plus
En soit où se trouve la différence entre ici et plus
haut ?

_____

La sainte

3 larmes se dévoilent sous ses yeux
Des armes glissant silencieusement
Lames du cœur que même les pieux
Et même les sœurs, ne peuvent éviter facilement

Sous la lumière du jour qui s'affaisse
Son corps cache le chagrin qu'elle ressent
Seules 3 larmes, les 3 larmes traîtres
Brouillent son regard aux passants

Chapelet à la main elle regarde les nuages
Elle a désormais accepté la douleur
Seul le diable est signe de mauvais présage
Le reste est continuel voyage, qu'elle connaît par cœur

Dieu lui a donné
La beauté de ressentir
Et ce fut en ces pensées
Qu'elle esquissa un sourire

———————————

« À juste distance »

A celui dont les dires
Constituent la réalité
A celui délaissé
Qui n'a plus désir de guérir

A celui qui, trop fort, rigole,
Cœur baignant dans l'arthrose
A celui rapportant en prose
Chaque coup que l'on lui donne

A celui s'enfermant
Et qui pourtant, cherche le soleil
A celui ayant milles merveilles
Mais les perd aux tournants

A celui « monstrueux »
Ne méritant aucun bonheur
A celui dont la mort est sœur
Et en ce jour haïs dieu

Regarde le remède
et le poison,
La justice et
l'ignorance,
La route et la
direction,
L'amitié et la
romance

Le corbeau et la
colombe,
La peur et la
croyance
Tu comprendras
près de ta tombe
Que tout est déjà à
juste distance

Fatiguée

Terrorisé par une bête invisible, le futur, pourtant prévisible. Je reste figée comme une statue de marbre, froide est la destinée qui m'attend en bas des marches.

Pourquoi partir. Pourquoi rester. Pourquoi vivre. La raison : l'insensé de ce monde m'en rend ivre. Bouteilles vides, l'alcoolisme squatte mon salon.
Je supplie l'aide tout au fond, au fond de mon sommeil. Si vous plissiez les yeux vous pourriez l'entendre. Mais prenez garde, celui qui lentement meurt tel un glaçon au soleil est souvent l'être le moins tendre.
Levez-moi ! Trouvez une raison. Mes pieds gèlent et mon front brûle. Trahi par l'unisson d'un univers qui se consume.
Ma cage en verre, au fond du gouffre. Le supplice est tentant quand les émotions sont liées. Liées d'une seule corde sans doute. Semblable à celle qui quelque part m'attend, au-dessus du tabouret.
Oiseaux de malheur, me nier ainsi. Qui vous donne vos ailes ? Vous êtes heureux, mais j'en ris : jalousie mortelle.

Emplis de naïveté, volez vers celui qui ne donne pas plus qu'il n'aime, vers là où la mère disparaît, où il n'y a plus que ciel.

Adieu, camarades défunts et ennemis de plumes, mon sang coule toujours. Sachez que, si je reviens malgré mon infortune, ce ne sera que par amour.

Sur cette route stressée, je baisse la tête. Tant d'inconnus, une foule houleuse de gens neutres. Tant de circulation pénible, tumulte gris venant de pots d'échappement industriels, leurs suies collées à ces trottoirs, aux murs, à mes poumons. Tant de conversation près du bar, d'informations salies d'opinions propres. Tant de mauvais regards : celui qui est heureux seul est fou. Tant de façades et de cris. D'œil alertes aux fenêtres. Tant de hautes constructions mornes. Tant que l'on ne voit plus les arbres en face : ils sont si petits face aux géants de béton. Oui, tant de crasses sur cette route. J'avance pourtant, toujours tête baissée, espérant apercevoir des oiseaux autres que pigeons sales et sans patrie. Espérant que personne ne remarque ma présence, ombre solitaire ne faisant que passer. Espérant que cette route sera bientôt finie.

Mais la nuit seul un lampadaire hésitant pourrait faire de l'ombre à mon règne. Mes mains tenant le sceptre glacé d'un pouvoir sans limite, sans règles. Quand on est seul, elles n'existent que dans nos têtes. Je cours, je m'arrête. C'est ainsi que se tisse une joie si simple qui, peureuse, restait alors chaque jour caché du soleil. Les immeubles de béton froid sont les remparts de mon château endormi. Le clocher de l'église mon escalier. Les bras de mon Dieu mon lit. Et le reste, le reste se prosterne devant ma volonté.

Je vais vous parler de mon ami Alphonse :
Sa fonction est la fondation de défonce, il fonde des filons de foncedés et féconde les foncedalles. Il est fond de fellations, filou, favorise les filles qui font l'action. Il confond fun et ce que ses amis cons font. Ne le jugez pas, ce fondateur fond d'after a un fond d'acteur : il s'effondre dès qu'il touche le fond, sait fondre ses larmes dans l'affront, son front plissé arme ses collations. Alphonse a donc une âme mais sous tentations.

Je suis le roi et l'esclave
Je régis et je subis
Je suis le maître puis le forcé
Libre quand je l'aurai compris

Je suis le corbeau et le renard
Je suis le tôt et le tard
Un jeu sans bien ni mal
Je suis l'Homme et l'Animal

—————————

Priez

Priez, priez, amis de lune et de lumière
Car ceux perdus, morts, perdurent encore :
L'horizon qu'on fragmente d'un pinceau fier
Est le cadeau qu'on enfante lors d'une visite chez
l'aurore.

Priez, priez, amis de dunes et de clairières
Pour que ceux foulants vos terres se prosternent.
Un jour face à vous ils sauront se taire,

Et sur terre, qui gouverne.

Priez, priez, amis, sœurs et frères
Et levons nos verres de vie d'eau !
Ce soir festoyons à l'envers :
Que les dieux nous offrent des cadeaux.

Priez, priez, amis d'os et de chair
Pour que votre corps sans vie ne vous emprisonne pas.
Car c'est arrivé, et je n'exagère,
En disant quelques millions de fois.

Priez, priez, amis du cœur qui a souffert ;
Longue est la détente du pistolet.
Ici, serait-ce les enfers ?
Pour sûr, l'enfer de ceux qui ont aimé.

———————————

La guerre sombre aux mains de vielles écorces
Un arbre mort, seul sous la pluie
Couvre un vieil homme plein de remords
Mais qui, malgré tout, continue ses conneries

Une vile habitude de politiciens
Que de la voir en souverain
Un vice inséparable de l'économie

Que de l'avoir en tant que nid

Pleure sur les tombes, petit corbeau ;
Ta famille tue ce qu'il y a de plus beau.
Cher corbeau, pourquoi couper tes ailes ?
Le malheur est trop jeune pour ce monde cruel

———————

L'olivier

Je ne peux compter les jours
Où revenant de l'école il m'attendait
Ah ! Démagogue et populaire il l'était
Aimé par l'étranger et le maître du four

Il était comme on m'appelle, un simple ;
L'idiot du village avait pour ami un arbre.
Le cœur des voyageurs le regardait de la feinte
Neutre d'un simple olivier sur la place

Mais quand la pluie battait sur la Provence
Et que chez moi régnait violence
Sur la place je m'en allais
Chercher refuge chez l'arbre fruitier

Savant, il en connaît des histoires
Il m'en a fait part, passionnantes rumeurs de commères
Voyez en lui ce que vous voulez voir
Moi je le vois en ami, maître et frère.

_____

Je conjure d'une âme délabrée,
A qui veut bien m'entendre,
De demander si au diable j'ai prié
Pour qu'ainsi mon cœur se fende.

En quels honneurs la trahison
Fracasse-t-elle la porte de ma maison ?
Hélas, ses précieuses clés furent
Données à un être et sa nature.

Oh ! traite est cette larme-là
Qui glisse sur mon triste sourire ;
Quand le vacarme reste sans voix
Les émotions ne peuvent courir.

Et comme l'Aîné dirait,
« Je ne te hais point » mon ami
Et pour toi je fermerai
Les yeux sur ta tromperie.

Mon esprit impie toujours se dénude
Quand seule j'observe la lune.
Et spécifiquement quand elle est pleine ;
Au nihilisme je cède

De mon petit village doré
Saches que tu es adorée !
A part moi tout le monde t'aime ;
Au nihilisme je cède

De ta toise, me dis-tu d'étouffer mes cris ?
Grande déesse, à part toi, qui m'aide ?
Perchée du haut de mon ironie
Au nihilisme je cède

« Mère de tous » observant bandits sans bouger.
Que ton inaction te rende malade ; crève.
Merde tousse, tu n'étais pas dans ma nuit pour me
consoler,
Au nihilisme je cède

Regarde le monde, souverainiste
Efface ses malheurs de ton altruisme !
Sage, mais n'a jamais commencé de trève...
Au nihilisme je cède

J'ai été jetée au monde interlope,
Vieux morceau de viande chez les aigles
Tu n'as jamais réagi au spectacle, salope
Au nihilisme je cède

———————

La vague imbécile de soulèvements
Est créée par, premièrement, les hypocrites,
Deuxièmement car le vent sème le vent,
Donc le tout a un oubli : la raison n'est écrite.

Qui est -elle pour juger le contresens ?
D'un côté, avec un but, de l'autre aussi.
Il est plus difficile de chercher à comprendre
Que de remplir la différence de mépris.

Je cherche encore le nombre de brises
Qui, démagogues, motivent la mer.
Je cherche encore celles qui se tamisent
Lorsque c'est chose logique à faire…

———————

L'estomac se fend, le cœur se retourne.
Combien de fois ai-je prié la fin de mon supplice ?
Que dieu m'abandonne : l'enfer ? Déjà j'y séjourne
Que je m'abandonne, et dans la pénombre je glisse.

Maître de tous, quand vient l'horreur, mes émotions
se voilent...
Est-ce là la réaction normale d'une humaine qui se
meurt ?
En tout cas, c'est la cause de mes nuits sans étoiles
Et, dans ma poitrine, de ma grandissante tumeur

Je perdure en mode automatique,
Grâce à mes côtes en ferraille, à mon âme délavée
J'ai l'honneur d'être au sommet de la robotique
Une machine cruelle qui a l'air presque vraie !

Robot retenue par la vitre invisible, d'où l'on ne peut
savoir
Si la torture vaut le coup d'être endurée.
Cage de verre, d'où tous peuvent me voir
Mais en aucun cas me toucher.

———————

X

Quand ta main me frôle,
Comme la lame douce d'un amant fou
Mon corps sain est pris dans une fièvre folle
Je lentement t'appartiens,
Je lentement te donne tout :
Je lentement m'abandonne

Qu'as-tu fait de moi ?
Et du cri blanc dans le silence ?
L'as-tu gardé, égoïstement, pour toi ?
Tes lèvres sont ma rêverie, tes yeux ma romance
Et tes doigts de mille carats ?

Pour tes courbes parfaites
Je porte fièrement le triangle rose
Tu m'as ensorcelée, vile déesse,
Donc à genoux ta prière s'impose

Dans les moments seuls du soir
Seuls, juste nous deux,
Et d'un sourire pervers qui veut y croire,
Je vois ta langue cruelle exaucer mes veux

Faut-il tomber si bas ?
Sereines nous nous enterrons
Suis-je droguée à ton poison de roi ?
Peut-être, peut-être pas,
Mais referme ma cage à papillons

———————

Un seul ciel, bleu ou noir,
Elle habite, silencieuse, cachée
Si l'on arrive un instant à la voir
C'est en levant les yeux et parce qu'elle l'a décidé

Parlez-moi d'astres, je réponds vivant
Dites-moi fantasmes, je ne réponds plus
Il n'est aucun moyen de montrer à l'inconscient
Un amour doux qu'il n'a jamais vu

Ses courbes parfaites me laissent hanté
Même si loin d'elle, j'en suis si près.
Presse ta course dans l'autre monde

Je t'attends, et tellement d'autres aussi.
Tant de prétendants et pourtant me choisis,
Je t'attends, et tes caresses fantômes la nuit

———————

Qu'elle est fascinante.
Elle touche même ceux qui ne la voient.
Entraînante, sur une musique de vieux blues
Tendant la main pour une dernière fois.
Femme fatale, tentante,
On mourrait pour ses seins.
A l'allure douce, mortelle,
Un poison que l'on aime bien.
Parle, je ne parle plus :
Elle entre dans la pièce
Séduisante, de l'esprit fine,
Aux airs de déesse
Pourquoi me l'envoyer ?
Quel est ce signe ?
Je sais que je ne peux que remercier
Dieu de m'en sentir digne.
Fleur au matin,
Sûrement une rose.
Car ses pétales grisés sont de joie,
Car ses épines aiguisées causent ma prose.

—————————

Vénus se dit
Que de ceux qu'elle chérit
L'amour ne laissait choir,
Que ses prouesses sur terre

Ne laissaient de plus belles histoires,
Qu'une rose dans la pièce amère
La rendait sucrée, belle à voir.
« Il n'y a de plus nobles causes
Pour un chevalier de mourir,
Et pour être éternel, simple chose :
Me laisser envahir »
Mais pense-t-elle que ses fruits ne font que mûrir ?
Regardez un arbre fruitier, vous me le direz.
Combien sont les divorces, combien sont les soupirs ?
Celui qui croit en l'amour infini est timbré,
Est un grand rêveur, trop compris.
A vrai dire, un grand aux airs petits.
Ainsi,
Vénus se contredit.

—————————

Elle

Sur une promenade chaude et accueillante
Et entre deux fruits d'été
Une pommade invisible, rajeunissante
Trouve en se tortillant, un chemin jusqu'à mon nez.

Parle, je ne parle plus.

Heureuse, je souris :
Elle m'avait laissé d'un coup, je l'ai cru,
Mais discrètement, malgré tout, elle me suit.

Elle est une épave sur la plage de soleil
Aux senteurs de vanilles
Abritant de rares fleurs, sans pareils,
Perçant la verdure des Antilles.

C'est la joie de l'homme qui marche sur la mer,
Cette mer, la joie de l'homme peintre.
Qui en quelques glissements de pinceaux vénère
Ma chère odeur reteinte.

Elle est le sein tiède de la femme douceur
Et les bras résilients de la passion.
De ses lèvres, me frôle le cœur ;
J'en ferai encore ode au Vieil Audon.

Abeille solitaire, visitant la vallée.
Murmurant un refrain de miel,
Une mélodie de plaisirs sucrés ;
Un bourdonnement d'hydromel.

Je continue à marcher, il me faut lâcher prise
Des fins souvenirs que j'admire de mes doigts.
Que je me sens mitigée par cette brise ;
Elle sent un peu comme toi.

_____

Les bêtises de l'amour

Le marquis de Merise
Se dirigea vers sa promise.

« Ma chère, vous observant depuis fort longtemps
Me demandais la cause de votre mal-être apparent »

« Je ne veux point vous marier ! »
Dit la dame d'un ton décidé

Le marquis surprit eu alors deux choix
Et de mauvais augure il choisit le maladroit

« Ne vous ai-je point donné mille trésors ?
Et donné raison même lorsque vous aviez tort ?
Que vous faut-il de plus que je ne peux procurer ?
Je vivrai dans la boue pour vos neufs souliers…
Et si vos actions sont la cause de vos soupirs,
C'est chose que vous pouvez repentir !
Qu'avais-vous fait de toutes nos aventures,
Rigolant comme enfants sous les couvertures ?
J'étais celui qui d'un seul de vos mouvements de doigts,
Rendait le pauvre barbare roi.

Étais-je là seulement pour protéger vos arrières ?
En somme, une sorte de servant ne vous servant guère. »

La dame offensée tourna la tête
« Quand vous ai-je demandé de faire ce que vous faites ? »

Le marquis et son regard noir,
La poussa à raconter son histoire :

« Lorsque je vous ai rencontré vous portiez un beau chapeau
Or ce chapeau, il me le faut.
M'étant épris du chapeau,
Je croyais l'homme dessous tout aussi beau.
Dans ce jardin de romance
Il a bien fallu que je pense.
Donc entre deux « je t'aime » amoureux
Je me rappelai que vous n'êtes celui que je veux. »

Le marquis, de colère,
Jeta son chapeau par terre.

« Si seulement vous me l'aviez dit
Je vous en aurais acheté plein comme celui-ci.
Mais les mois ont passés
Et par votre faute dans l'amour je reste embourbé !
C'est donc avec une certaine joie
Que je marche sur ce qui nous a amenés là. »

Seule.

La nuit approche

J'ai passé l'aprem à regarder le plafond

A me demander si chez moi il y a un truc qui cloche

Ou ce qui se passera si je saute du pont.

Je suis fatiguée mais malgré tout je garde les yeux ouverts ;

Je regarde la fenêtre par laquelle nous regardions passer l'hiver.

Maintenant derrière la vitre il y a le printemps,

Mais il fait toujours aussi froid dans ma tête.

Glacée.

J'aimerais courir tomber me relever retomber courir.

Avoir les genoux en sang.

Dans les coudes pleins de graviers.

Je crois que j'essaye de me le cacher mais la vérité c'est que

Tu me manques.

Mon lit est mon bateau pourtant je me sens couler

Mais pourquoi arrêter l'eau quand on veut se noyer ?

C'est fou hein vraiment, tout ça.

Le vent tape à ma fenêtre

Mes doigts tapent contre mes dents.

Si je dors je rêverai de ta silhouette,

De ton ombre qui m'aime sûrement.

Pour après me réveiller et me rappeler que tout était faux

Et que mon rêve n'était qu'un espoir délirant.

L'espoir

« L'espoir fait vivre » haha,

L'espoir me tue.

Et ils s'en foutent les gens

Je le vois

Quand je parle de toi et qu'ils s'excusent

Comme s'ils étaient responsables

Comme si le fait que je sois encore debout était ironiquement remarquable

Mais je n'ai pas le choix.

Et si j'avais le choix, je ne saurais pas choisir.

Ils ne comprennent pas, ils ne savent rien de notre histoire

De nos premiers baisers, nos derniers fou rires

Rien de tous ces souvenirs...

Ton image en pièces que je ramasse tel un clochard,

Sdf en proie au vin.

Tu me manques mais moi je ne te manque en rien...

Mes mains cherchent ton corps dans la chambre triste

Mon corps cherche tes mains pour essuyer mes larmes

Mon cœur dans ma poitrine accentue le vacarme

Le vide l'emporte et vient la crise.

Je craque

Explose

Shatter.

Seule

Je suis seule

Puis entre deux plaintes étouffées
Je me dessine nos moments oubliés,
Et enfin je ne suis plus
Seule.

_____

Je trace ma route sur une carte vierge
Comment les autres s'y retrouvent-t-ils ?
Le monde est plat, gris
Seule ma raison n'est futile.

Combien de chemins ai-je déjà croisés ?
J'ère seule de mon pas perdu.
Combien de tournants ai-je déjà ratés ?
Pour m'éloigner du tumulte.

Peu importe à Dieu la distance entre,
Moi et les souvenirs de celle que j'aime :
Il me fredonne que, plus les vues changent,
Plus elles restent les mêmes.

Je marche, j'espère,
Malgré ma recherche crispée
Un endroit où dormir,
Où bercer mes espoirs brisés.

Combien de temps vais-je slalomer ainsi ?
La carte tombe de mes mains ;
J'abandonne le périple,
J'ai lutté en vain.

———————

Je t'aime sûrement plus que tu le penses
Et tu m'aimais aussi, je crois, il y a quelques temps
Haha maintenant ton « amour » est plus clair
Comment pouvais-je penser qu'une relation survive
au printemps
Quand elle est née en plein hiver… ?

Oui je t'aime, et pourtant je ne te veux plus
J'ai trop souffert en ta compagnie pour penser à
revenir
Et puis mes pensées de nos souvenirs me forcent à
t'oublier.
Tu n'es plus qu'une nostalgie d'un passé sans rires
Que je mets au défi de me fournir une preuve qu'il a
existé.

Je t'aime et pourtant, je te hais…
La haine vient de mon égoïsme sans doute ;
Comment peut-on faire de mal à quelqu'un dont on
s'est un jour épris ?

C'est ton mépris qu'à présent je broute
Je ne suis qu'un mouton parmi d'autres dans ta vaste
prairie

Je t'aime et je regrette
Ce que l'on avait.
Je t'ai tout donné maintenant il ne me reste, que des
larmes.
Si dans mon esprit je suis maître de la paix,
Je le suis dans un monde qui lève les armes.

———————

Doux, sain, soldat, au couteau
Se baladant entre ses mains.
Sain car fou est celui qui, trop tôt
Se lasse de l'enterrement du Béguin

Mélodie de mort autour du cercueil ;
Il me semble que je suis ce fou.
Je ne traine plus de larmes à mon œil
Et je ris de ma peine, contrairement à vous

Veuve, la vieille s'évade de sa chaise
« À présent, que reste-t-il sauf la mort ? »
La veuve, aussi appelée la niaise,
Sauta dans la fausse sans remords

Adieu, ou pas ? Sortent-ils de ma vie ?
Ma vie, vie douce qui me tabasse.
Si je tombe, grâce au ciel je survie,
Et grâce à moi seule, je me ramasse.

———————

Ah ! J'ai toujours une piqûre à la poitrine
Quand je t'imagine avec lui.
Il te touche de ses lèvres, mains indignes
Et te déguste de son regard perverti.

Il te fait mal, sans gêne, sans regret.
Son cerveau est celui d'un homme,
Il ne te baise donc pas, mais ta virginité,
Et ne te salit pas, mais tout comme.

Il explore tes endroits les plus secrets
Comme une brute cherchant un trésor.
Creuse creuse ! Il ne le trouvera jamais ;
Dès qu'il arrive, le vrai butin s'évapore.

L'homme qui aime une déesse,
Ne devrait lui offrir que sa foi et des offrandes.
Mais, cet égoïste prométhée, sans délicatesse

N'offre à cette déesse qu'un vulgaire morceau de
viande.

Je vois d'ici ses pensées sales,
Idées qu'il, sans autorisation, pense.
Ce garçon est comme les autres : un animal
Tant il est soucieux de détruire ton innocence.

———————————

Seul encore debout sur le champ de bataille. L'ennemi
s'est enfui. Seul, avec un seul bout de ferraille, coincé
dans la poitrine.
Se trouve dans sa bouche le goût de sang. Fer qui
ravive ses sensations. S'agenouille et parle
bruyamment ; en espérant que nous l'entendions :
« O dieu, cher dieu, qu'ai-je donc fait pour le mériter?
J'ai essayé de le convaincre, de le persuader ! Mais rien
n'y fait,
Mon petit bout de fer reste coincé…
Je lui ai dit qu'il faisait sombre, caché dans ma chair.
Je lui ai parlé de la vie, d'ailleurs, de tous les voyages à
faire ! Mais rien n'y fait, mon bout de fer me fait
toujours saigner. »

Alors, le ciel lui répondit avec précaution :

« Il y a des blessures que l'on ne peut guérir par la raison. Militaire, ton petit bout de fer a choisi sa maison, à part attendre je ne peux rien faire… »

Le soldat rétorqua sans hésitation :
« Attendre ? Sans façon ! Mon armure se salit au fur et à mesure, de jour en jour, et, pour toujours, si l'on attend, elle se teintera de rouge et se couvrira de fissures. Mais enfin ! Voyons ! Ce n'est une fin pour un si noble compagnon !
Si l'on ne peut le commander, maudit soit le temps. Si l'on ne peut l'arrêter, maudit soit le sang. Et si l'on ne peut le raisonner, maudit soit mon petit bout de fer »

A ces paroles il entendit :
« Maudire n'est guère le mot juste à dire, car il ne résoudra aucun de tes problèmes,
Et puis ce sang sur ton armure la rend plus authentique, plus belle.
Au fond, soldat, dans l'amour on ne déteste que ce que l'on aime. »

———————

Parle, je ne parle plus
Je suis, résigné, le César à Alesia
De ma peine je me vois séparé

De mes gestes, toujours soumis

Parle, je ne parle plus
Je suis, voletante, la feuille dans la tempête
De mon envie je me sens coupée
Du mur fixe, toujours ternis.

Parle, je ne parle plus
Si mon cœur était sain
Je parlerais encore

_____

16 ANS

Herbes folles

Ce vent chaud du monde,
Ce voyageur connu, me recouvre.
Les yeux sont d'or, les cheveux d'ondes,
Le cœur remercie l'été qui se découvre.

Nous nous asseyons sur la pelouse de vert
Vert foncé, carrelage douillet de la terre.
Eden, ô cette Terre est mon lit !
Tant il est reposant de se taire auprès de ses amis.

Le bon fruit séjourne de mains en mains.
Senteur goûteuse, le calme atterrit dans le cercle.
Je m'excuse, je t'avais mal jugé petit joint ;
Enfin un amour qui m'apporte la paix que je
recherche.

_____

Bad trip

Je tire sans faire malheur
Sur un petit reste de joint.
Dieu, je redécouvre le bonheur
Et avec hâte te rejoins.

Ma peau se fond dans ma chair
Mon torse bat vite, si vite…
Mes vêtements brûlent et me serrent
Mon esprit ne prévoit la suite.

Suite : continuité sans affront à la fatalité.
Ma fatalité : l'ouïe s'éloigne comme en balade printanière,
Le souffle est celui d'un marin noyé
Et le corps monte comme s'il tombait à l'envers.

La bouche sèche crie la langue des sourds,
Les mains malades mendient en tremblant.
Froid est l'être, bouillants sont ses alentours
Et les yeux grésillent comme une télé de noir et de blanc.

Sombre, je ne vois plus, je ne vis plus :
La survie et son aura m'englobe.
Je suis mon ombre, mes pas me tuent
Dieu ! Sauve-moi et je promets de rester sobre…

————————

Le principe de domination est partout : à côté de vous, de votre voisin, de votre ville, de votre pays. Dans la cour de maternelle, primaire, lycée, fac. Dans les entreprises ou les maisons de retraite, et nous suit même jusqu'au cimetière ; Qui parmi les morts est le plus grand ? Celui dont la tombe est la plus belle, majestueuse. Parmi les vivants ? L'esthétique compte autant que le moral : Qui est parfait, intéressant, à l'écoute, doux ou dur, renfermé ou ouvert ? Ah ! Nous choisissons nos maîtres. Quand tous les visages se tordent de rire face à sa plaisanterie, pleurent de sa tristesse, s'enjaillent de ses décisions, crient de sa peur et se taisent de son silence, là nous voyons le maître.

C'est par ce texte que je réunis mes sujets et le peuple auquel j'appartiens. Sachez que j'aimerais devenir roi: Que tous se penchent et se ternissent quand mis à côté de ma lumière. Je ne cherche pas à enfoncer mes entourages, mais à me grandir pour qu'ils rapetissent de ma vision. Traîtres sont les autres rois, qui me volent mon peuple aisément. Je suis pourtant bon…

Il existe de ces gens né-rois. Dans leur sang coulent pouvoir et dominance, si bien que, pour s'en débarrasser, il faudrait les saigner jusqu'à la dernière goutte. Sujets, sans vous, je ne suis qu'une planète parmi d'autres, sans moi, vous n'êtes que des cailloux errants dans l'infini. La domination nous complète donc. Elle nous trouve un but, non pas précis mais une direction générale qui remplit nos journées, nos égos, notre devoir. Oui devoir ; Devoir d'humain envers nous-mêmes afin de ne pas perdre la raison. C'est une distraction qui touche les présidents comme les misérables, petits comme grands, dominés comme dominants.

_____

Douceur maladive de tes lèvres sur ma peau comme une coulée de lave sur la braise. Huilés de nos sueurs et poursuivants ensemble nos addictions, drogues dures sans émotions, le cœur fermé, le corps ouvert.
Ami ! Utilisons donc nos atouts d'hommes ; nos chairs et nos muscles, langues folles, envies, tumultes et corps qui s'immolent. Pour mon bien, que dis-je, pour notre bien ; nos caresses prêtresses sont vouées au culte de l'égoïsme. Intenses, chaleureuses, nos deux incarnations, valsant dans la fournaise jusqu'à attendre, atteindre, le ciel. Mes doigts agrippent, ils serrent, prennent, apprennent et explorent lentement. Comme ceux d'un navigateur avide de gloire sur sa carte du monde.
Cette gloire, gloire physique où le mental n'importe. Compréhensible est le fait que nos aventures soient des péchés : l'âme est en cage et la conscience sous sédatifs.

_____

Le monde est fait de beaucoup de vide (les physiciens en témoignent). Je suis donc comme tout autre humain, vide, mais j'en suis consciente, je le ressens, contrairement au reste de la foule.

Mon vide anesthésique vient après l'euphorie. Après toutes ces fameuses pensées : « Enfin ! Tout bouge, le quotidien s'affaisse ! Je vois de nouveaux horizons, et, au loin, beaucoup moins de détresse ! ». Il vient quand ces paroles se perdent dans le temps comme un sablier vide dans des sables mouvants. Il vient quand il y a tout à dire mais que le silence écrase, tout à vouloir avidement comme sous taz, tout à faire mais rien de manière saine, tout à regretter sauf le regret lui-même.

––––––––––––

Chaque fin me fait sentir vide. Comme si un fin voile gris eut été déposé sur mon être, afin de le déteindre. Le cœur défunt est désormais errant, sans aucun but à atteindre, et les confins du voile terne n'existent pas ; j'ai constamment la faim de rien, et ça je ne peux le feindre.

––––––––––––

La fin de l'année,

Encore une escale de mon voyage sur laquelle je lève les voiles. C'est une sensation étrange que de voir tout mon quotidien s'effacer peu à peu dans l'immensité du monde. Une autre page de tournée, une étape silencieusement passée, un petit rappel que rien n'est éternel.

Sensation étrange…

Cela faisait longtemps que je ne l'avais ressenti. A vrai dire elle ne me manquait pas, mais je l'accueille encore à bras ouverts ; ma vieille amie qui m'a tant appris.

Adieu ? Non, à bientôt. Je retrouverai toutes mes rencontres, plus tard, dans l'ombre d'autres humains. Je perds ce qui n'a jamais été mien, je ne peux pas me plaindre mais seulement remercier.

C'est la fin, c'est le début de la fin. Comment reconstruire une routine après que la dernière a été saccagée ? C'est le même problème qu'en amour. On s'habitue même si l'on chérit, et on est abandonné, puis perdu, même si l'on connaît le chemin.

—————————

La beauté du monde effleure nos joues d'adolescents. Nous sommes livrés à la terre sur un plateau-repas en argent. Les destinées viendront à nous une par une, quand elles le voudront. Nous les attendons, unis par le silence paisible des blancs dans les conversations, par les balades chantonnées des nouvelles saisons et les pluies chaudes de nos larmes se mélangeants comme du métal en fusion. Larmes qui nous soudent donc.

Ensemble nous sommes plus forts, une deuxième famille qu'on adhère avec joie. Famille aux mille caresses et étreintes chaleureuses, aux rires sans soucis et aux dures découvertes qu'elle adoucit. Que les vieux rigolent donc de ces drôles de familles qui déambulent matin midi et soir, enfants gardés par le soleil, la lune et l'espoir. Qu'ils rient, ceux qui « connaissent » ce monde, de jalousie ou d'affront peu importe. S'ils rient sans gentillesse, ils oublient que dans leurs pas nous marchons à chaque seconde et que nous ouvrons les mêmes portes. La vieillesse, elle, se chargera de leurs sorts. Ils sont les poules pondeuses travaillant dans leurs cages jusqu'à la mort, moquant tous les oiseaux libres et qui chantent encore. Car eux ne chantent pas.

Chers amis je me délecte de cette vie saine à vos côtés, longtemps, longtemps je vous ai cherché, je vous ai troqué contre ma peine, pour cela je pense que de dire « je vous aime » n'est pas surcoté.

_____

J'ai trouvé une serviette de bain à côté d'une poubelle en parfait état. Je l'ai donc prise et lavée et c'est devenu ma serviette préférée. Hier mes amis sortaient d'une douche et étaient couverts de colorant bleu, ils avaient besoin d'une serviette. Je ne leur ai pas donné la mienne car je ne voulais pas qu'on la salisse. Or ce n'était pas ma serviette, c'était une serviette trouvée par hasard à côté d'une poubelle. Elle ne m'avait rien coutée et m'a beaucoup servie. J'aurais dû leur donner, ce n'était pas plus ma serviette que la leur, j'avais juste vécu plus de moments avec elle. Je me suis alors posé la question suivante : si j'avais acheté la serviette, aurais-je eu le droit de la leur refuser ? Il y a une différence si l'argent pour l'achat vient par hasard ou alors si j'ai travaillé pour le gagner. Si j'ai travaillé, j'ai mis de ma peine dans cette serviette, je ne sais pas si cela veut dire qu'elle m'appartiendra, mais ça parait être une raison valable pour leur refuser. Si l'argent a été gagné sans travailler, sans qu'il n'y ait de peine dans la tâche ou par hasard, là je ne peux la refuser. Elle ne m'appartient pas, elle est juste un cadeau qui accompagne mes élans, actions et joies. Si je trouve donc un 'travail' qui me convient, où je n'aurais jamais à travailler, alors tout ce que j'ai appartiendrait à tous. Je ne pourrais refuser d'aider quelqu'un en lui donnant un des fruits de mon 'travail'. Bien sûr, car les objets en question ont été gardés par ma personne, il se formera toujours une sorte d'attachement à ces objets, ce qui peut freiner la donation ou exiger que les objets soient bien traités. Mais dans le fond je n'ai pas le droit de faire cela s'ils ne m'appartiennent pas. Le lendemain, des amis sont venus chez moi et deux d'entre eux ce sont lavés les cheveux. Suite à ces réflexions, je leur ai immédiatement donné ma serviette.

———————

Insomnie

La fatigue emmêle mon corps. Mes yeux, mes jambes. Mais tout cela ne m'importe ; le vrai problème quand fatigué est la fatigue qu'on scande.

Qu'on scande en poèmes, ou en textes mal écrits. Le mal des écrits c'est l'inattention humaine. Mais malgré le vagabondage de mon cerveau sur le lit, j'écris, je scande : « à l'aide ».

Parle-moi encore, je dors éveillée. Et seule. Seule et fatiguée. Tiens-moi compagnie, s'il te plaît, car je meurs cette nuit. Je t'en prie, reste près de moi, que tes bras deviennent ceux de Morphée, béni est l'éveil que l'on a, mais s'ils ne deviennent tes bras, l'éveil va me tuer.

Quand les trompettes mortuaires sonnent ce soir, ne pleure pas, ma chérie, juste dis-moi tendrement au revoir ; je me suis enfin endormie.

Autre insomnie

Ma jolie, ne me laisse pas dormir ce soir,
Je t'en supplie…
La sueur de mes mains, la froideur de mes doigts, la
chaleur de mon crâne, sont de mon mal le lit.
Non, ma chérie, ne t'inquiète pas !
C'est juste un autre repli passager dans ma guerre pour
le répit. Juste une autre balle qui m'a amoché et fait
tomber mon vieux képi.
Ma maison remplie d'ombres, je leur tiens la porte.
Elles ne viennent que parfois me voir : joie provisoire,
voilà ce que les médocs m'apportent. Et elles ne
partiront qu'avec mon dernier espoir.
Quels sont les décombres de moi ? de ma vie ?
Seulement l'âme intouchable des fidèles de Dieu.
Sinon mon corps sinistre cage d'où l'on crève
l'increvable de pieux.
Non, ne me laisse pas dormir ce soir,
S'il te plaît…
Non, ne me laisse pas mourir ce soir,
S'il te plaît…

SNU

Capitaine dit « colonne » : traîne pas
Ici c'est comme dehors sauf qu'on ken pas
Jeunesse en roue libre sauf qu'on freine pas
« Au moins tous on s'aime » et bah même pas

Groupes pour protection, tuteurs et maisons fuient la direction
Nos occupations : des distractions des malheurs qu'on vit à la maison

L'encre coule moins que la sueur sur nos fronts
Quand la chaleur se pointe les morales touchent le fond
Ici la sainte meurt ou prend sa démission
Mais la main sur le cœur, chantons à l'unisson :

Allons enfants de la patrie, le jour de gloire est passé
Contre nous de la tyrannie, car le respect est démodé
Entendez-vous dans nos campagnes, les ados qui se meurent tout bas
Et qui viennent jusqu'au SNU des cicatrices marquants leurs bras
Aux armes citoyens ! Quittez vos addictions !
Prions, prions, qu'un jour plus pur
Éclaire nos visions

9 juin 1988, lion.

Océane est né, petite fille rose et potelée. Sa pose sur son duvet est magique. Click : son tout premier cliché.

5 ans plus tard :

Océane cours dans le parc, elle est vive mais n'évite tous les regards. Dans les cheveux sa plus belle natte, dans ses yeux le plus jeune espoir.

A 10 ans.

Balance ses pieds sur la balançoire pendant que la nuit tombe. Pourtant terrifiée du noir, elle se balance, dégustant chaque seconde. S'arrête un instant pour regarder les étoiles, elle trouve le monde si beau sans son nuageux voile. Cette vie, elle n'en connaît que le début, et du peu qu'elle vit elle n'est pas encore déçue.

7 juin 2003, 15 ans.

Premières fêtes, la musique embrasse ses tympans. Elle a des amis gentils et honnêtes, de ceux qui dansent tout le temps. De loin un beau garçon ne cesse de la regarder ; c'est ce 7 juin qu'elle reçut son premier baiser.

20 ans.

Premier appart, ses études lui laisse imaginer sa vie future. Elle se voit femme forte, avenir plein de voyages et d'aventures. Elle pense à l'amour quelques fois, et espère doucement qu'un jour son prince viendra.

25 ans.
Ça y est ! Une embauche à plein temps, dans une petite boite certes, mais elle y gagne pas mal d'argent. Fini les études, elle peut souffler à présent car elle se dit avec certitude que le plus dur de sa vie n'est plus le présent.

17 avril 2014 :
Un collègue de bureau l'invite à une sortie. Là-bas elle croise l'ami d'un ami de son ami, un bel homme, fort et d'esprit. Épris tout deux d'une nouvelle envie : ils se donnent souvent rendez-vous dans un café de la ville. 'L'amour est aveugle' disent-t-ils, pourtant elle voit clairement cet homme de jour comme de nuit (de nuit car vous savez, elle en rêve toujours quand endormie) Ses mèches folles, ses yeux quand il rit, son amour noble, et son charisme aussi, tout la guidait vers un verbe déconseillé : aimer à la folie.

5 ans plus tard,
Mariée depuis un an à cet homme plutôt charmant, haut gradé de son entreprise d'en temps et planifiant l'arrivée de futurs enfants. Elle n'est est mécontente. Il fut un temps où elle redoutait ce moment de sa vie, ce

moment où tout était déjà fait, ou le nuage gris s'installe et surviennent les pluies d'ennuie. Mais au final elle ne ressenti aucune de ces intempéries, heureuse est Océane, enfin c'est ce qu'elle dit.

5 octobre 2020

Petite soirée entre amis, dans un grand bar car elle a enfin déménagé à Paris. Elle s'amuse, elle oublie, le temps passe vite et l'horloge fuit le ralentit. Quand elle réalise son retard sa peau devint blanche, ses idées noires. Cours Océane, cours ! Cours dans la ville lumière, rentre dans la gueule du loup, vite, il ne faut pas le mettre en colère.

En rentrant chez elle, son mari a vrillé, 'putain encore' soupira-t-elle, la bouteille est vidée. Éclats de rage dans les murs, elle a l'habitude, mais juste pour être sûr : 'Nico ?' La voix pleine d'inquiétude. Il se leva difficilement, d'un pas incertain, elle sentit le changement qu'il y avait entre aujourd'hui et les autres fois, puis il la vit et l'attrapa d'une main, si fort qu'il lui brisa presque les doigts. Une claque, plusieurs fois. Il la frappe de ses gestes maladroits. L'alcool empeste les prières d'Océane, folle est la rage que le mari dégage. Coup par coup, elle abandonne, sa garde se baisse et sous les coups s'adonne. Elle n'entend plus les insultes, par habitude, mais les écoute physiquement, comme d'habitude. Sa fierté : bien plus grande qu'elle sans doute, car ses yeux ne versèrent une seule goutte. Puis il la lâcha comme un lièvre abattu, il la laissa seule pour guérir ses blessures.

Ce que j'ai dit sur les larmes est vrai, mais pour ce qui est des gouttes, sa jambe saignait, et son corps plein de bleus témoignait du peu de route qu'il restait entre elle et dieu.

Mai 2022
Le Figaro : l'annonce remplit un carré entre les pubs et la météo : nouveau cas de féminicide dans le Var. il y en a désormais 4 cette année depuis hier soir.
Le canon sonne pour Océane cette semaine, mais le jeu ne se freine pour un mort : que le sort vous soit favorable chères humaines, joyeux Hunger Games, soyez fortes.

_____

Je suis de ceux dont on ne voit guère, la peine défaillante et la vie en guerre : Survie. Survie froide et douce. Emporte-moi comme le plus beau des poisons. Chère mort, je me languis de te voir ma belle, puisque l'amour n'est à récolter à foison.
Quand sonne le clairon de l'orchestre du silence, je regarde autour de moi, j'admire la violence. C'est car les lambeaux d'horreurs immondes décorent la fête que les flambeaux d'honneurs à la longue brûlent leurs maîtres. Leurs maîtres, ces pauvres lanceurs de guerres sans queues ni têtes, dans cet enfer seuls les

riches remplissent leurs assiettes. Je dirige un bateau sans mat, et avec l'usure des ports j'ai perdu ses amarres, seule admiratrice de la mort et me sentant seule exploratrice du cauchemar. Je n'ai vu encore aucune aide à l'horizon, j'ai pour seuls amis le ciel et l'abandon. J'aimerais bien survivre même si c'est pas évident, mais je suis pas Atlas ; pour porter mon fardeau il me faudrait au moins des gants. Faudrait juste une aide non faussée, dieu descend de ton nuage, pousse pour moi mon rocher. Sisyphe n'est plus dans les parages ; je l'ai remplacé. L'odyssée fini son tournage ; l'acteur va décéder.

———————

Ce matin je me suis réveillée sale et trahie par un esprit qui corrompt ses propres décisions : celles de laisser derrière et de haïr. Il a mis à la lumière ce que je redoute, ou alors, a mis à la lumière ce qui m'appelle : Mes peurs. Un appel à l'aide, mais n'ai-je pas déjà assez souffert ? De quels barreaux veulent-elles leurs libertés, mes peurs ? De ceux bâtis de mon sang ? Si je laisse courir un désir, il retombera dans cette cage un jour ou l'autre, alors, qu'ils sortent ou pas, cela reviendrait au même ! Conscience, pourquoi s'acharner sur moi ? Moi qui demandais juste à fermer les yeux sur ma réalité parfaite, sans aucune de ces deux choses, sans aucunes tentations, sans aucunes rêveries sur ce que pourrait être ma vie… Me voilà prise au piège.

J'ai fermé les yeux sur ma mélancolie d'aimer, mon blues de fumer, et je me suis laissé aller dans un rêve où je meurs à petit feu en souriant.

Cette nuit, j'ai rêvé d'amour et de beuh, et demain, j'en rêverai encore.

———————

Encore une nuit où je lui tiens la main. J'essuie ses larmes en douceur ; j'accueille sa peine tendrement. Sa manche est mouillée : de sang, de pleurs. La nuit s'est calmée, contrairement à son cœur.

Je la contemple ; la face cachée de la lune. Il y fait si noir, vide et froid. Je la contemple ; cette étendue inhabitée de dunes. Depuis combien de temps était-elle cachée là ?

Elle goûta une larme pour se rassurer, comme pour se rappeler qu'elle est en vie. Puis elle me regarda, pleine de tendresse, avant de murmurer : 'Toi aussi, goûte, ma chérie'.

Elle me tendit alors sa joue et j'embrassa lentement sa tristesse. Puis ses bras vinrent à mon cou. À mon oreille un chuchotement : « please, make me forget ».

———————

Giulia

Sorcière aimée, qu'as-tu fait de moi ? Je suis mortifiée par mon passé et pourtant je ne suis plus qu'à toi. Les cicatrices s'ouvrent, le cœur se balance. Doucement dans la fête, mon passé rentre dans la dance. Et dans ma tête, les sentiments perdent la cadence :

Éloigne-toi ; je t'aime.

Embrasse-moi ; tu m'aimes… ?

Embrase-moi ; je cède.

J'ai fait le premier pas vers une mort émotionnelle, donc le deuxième pas me questionne : « combien de fois tomberas-tu dans ce piège, innocente petite conne ? ». Le second pas m'amèneras au gouffre, mais la chute a l'air si belle… Combien de fois faudra-t-il que je souffre pour écouter les bons conseils ?

Ce fou d'univers, que me rapporte-t-il encore ? Juste une douce guerrière qui ne veut que ma mort.

———————

Giulia

Tu ne voulais aucun mensonge ; voici donc à quoi je songe…

J'aimerais te dire qu'il n'y a rien entre nous. Ça serait tellement simple. Mais, hier comme aujourd'hui comme demain, je pense à nous, je pense à nos rires et à nos étreintes. J'aimerais pouvoir te dire, en face, que de moi tu ne connais qu'une simple préface. Et qu'entre mourir d'amour ou mourir d'envies refoulées, la ligne est trouble, mon choix n'est fait. Je me balade entre le libertinage et les plaisirs romantiques. (Un sage vendant ses conseils, à ma vue fermerait sûrement sa boutique.) J'hésite, mais cet unique comportement oriente légèrement mon choix, ce n'est non pas ce que veut mon cœur, mais ce que veulent ma logique et ma foi : je ne souhaite en aucun cas te blesser, ou me blesser. J'ai encore des balafres qui aux moindres chocs se remettent à saigner… donc je pense qu'il vaut mieux arrêter là, avant que ça ne prenne trop d'ampleur. Mais d'un autre côté faut-il aussi écouter son cœur ?

Malgré ce dilemme, mes envies sont encore là, et j'aimerais, si je le puis, t'embrasser au moins une fois. Que cela soit le premier ou le dernier baiser que tu m'accordes, je m'y accrocherais comme un guitariste à sa corde.

Que penses-tu de tout cela ? Et sache, ma belle, que peu importe ce que tu veux, j'honorai ton choix.

———————

Frontière

J'en ai vu, des barbelés. J'en ai vu des murs. J'en ai vu des péages, des collines abandonnées. J'en ai vu qui ne laissent sortir aussi bien que rentrer. J'en ai vu des passages, des détroits bien gardés. Oh comme j'aimerais que tu saches combien j'en ai traversé.

Un seul sac pour compagnon. L'espoir dans les poches et l'argent pour l'avion. Si le froid était mon ami j'aurais quelqu'un pour essuyer mes larmes. J'ai laissé derrière moi mon petit pays, sous les armes.

Écrasante réalité : ma patrie est souffrante, pourtant je l'ai quittée.

Et ici leurs cécités sur qui j'ai été me réduisent à un mot : immigré. Comme est cité « une de perdue, dix de retrouvées » j'ai perdue celle que j'eu aimée : mon repère. C'était une frontière, et sur cette seule frontière j'ai hésité : celle entre la survie et ma nécessité.

Je cherche encore les dix autres qui la vaudraient.

_____

Mes maux, moteurs de mots dignes d'un auteur.

L'encre de ma plume ou stylo comme ancre dans la mer de mes pleurs. Malgré cette amarre mon bateau prend les flots et lentement se meurt. Je suis un boute : je ne crie qu'en douleur, je n'écris qu'en grosse houle.

———————

Lapin lunaire
Le lapin lunaire me regarde de son air de gardien. Sa grandeur sait faire taire car il a l'air si près alors qu'il est si loin. Auprès des cyprès, les lapins de terre errent au besoin. Pour eux il n'y a pas de frontières, et car un lapin seul se perd, chacun se rejoint. Mais le lapin lunaire n'a pas de frères ni de conjoints. Lapin lunaire doit être solitaire, sur sa barque des airs, sa grande terre de désert dont il est souverain. C'est pourquoi chaque soir et matin, je regarde cette grise clairière et prie, en bien, pour le lapin lunaire.

———————

17 ANS

Cela fait déjà quelques mois qu'elle me suit. Je m'y suis habituée maintenant.

C'est simple : j'ouvre la fenêtre et ce bruit de fond se fond dans les bruits d'oiseaux et les chants de la ville.

Je pense qu'elle me suit, je n'en suis pas sure, mais je le pense : La première fois que je l'ai entendue, personne d'autres ne l'entendais. J'ai regardé autour de moi, dans le vide de la classe, mais seules des nuques me répondaient, abattues.

Du Bach ? Mozart ? Wagner ?

Piano ? Orgue ? Clavecin ?

Cela dépend des jours.

Quand le professeur est sérieux dans le cours, elle devient comique, joyeuse, presque absurde. Quand je tente de dormir, elle cavale, sonne les percussions, joue la course-poursuite. Quand je ris, elle est languissante, lente, morne, une nostalgie qui ne m'appartiens pas, un brouillard d'hivers sur la côte.

Si je me balade paisiblement, je la croise quelques fois: elle fait alors croire au hasard, comme un chasseur qui passe la perdrix traquée. Un arc symphonique de cordes de violons, qui touche le mélomane en pleine tête.

Mais, malgré le monde qu'il y a en France, elle me suit, moi seule, depuis quelques mois.

Moi, seule, quand je me concentre dessus, telle une peintre questionnant le fil tordu d'une étoffe, je perçois des voix distantes. Des sons humains, roques, enfouis, étouffés. Un cache-cache vocal sur les accords, une embuscade lointaine, d'hommes, femmes et d'enfants. Qui roule comme l'avalanche tombe, sur des kilomètres.

Et, tout d'un coup : silence. Silence dans le bruit, plaine dans la montagne, huile dans la mer.

Je ne les reverrai que quelques temps plus tard.

_____

Dans la détresse seul le silence est un allié : un bruit en cache trop d'autres. Donc va de même pour la beauté, seule la nôtre apparaît au-dessus du lot. Elle se met en valeur, si bien, que l'on oublie tout le reste : toute la beauté restante, mise à l'écart. Mais elle est bien là, toujours. Car dans les faits, ou la beauté n'existe pas ou elle existe partout. Si elle n'est qu'à quelques endroits, croire en une « beauté subjective » est mené par un raisonnement flou.

_____

J'ai toujours aimé le matin. Mais tôt le matin, pas quand on voit le soleil. La nuit du matin quand il fait frais. On dit que, la journée appartient à celui qui se lève tôt, non, la nuit, appartient à celui qui se lève tôt. Les moments les plus tranquilles, sans personne, ni fatigue, seul sans rien, que soi-même. Sont sans soleil.

Il devait être 4 heures du matin, je me réveillais au bruit d'une cabine qui claque. Alors, mes pieds me prirent de court, et m'emmenèrent sur le pont : ils devaient savoir.

Un noir dense m'accueillit dès ma sortie, l'obsidienne à l'horizon, le charbon entourait, les abysses me contournaient. L'infini me toisait jusqu'à la coque : la mer ou l'infini ? La fourrure d'un fauve noir m'encercle. Je tends la main, mais jamais ne le touche. Je le scrute, mais jamais ne le voit.
Seuls les ronronnements des boutes et les râles des voiles, me rappelèrent : cette immensité ne m'appartient pas, je ne lui appartiens pas.
La transe des profondeurs cessa, ou alors peut-être prit-elle encore plus d'importance quand je quittais mes pieds, et levais ma tête.

Oh, s'il existe un dieu, il serait boulanger.
Le ciel comme établi, de sa main il saupoudre la farine. Tout comme il le fait pour la foudre ou la bruine, mais ici il n'impose pas d'intempéries, seulement du respect.
Je le sens maintenant ! Nous descendons des étoiles, de cette pulvérulence qu'il pétrit. Nous sommes la pâte astrale, le pain béni !

Et les éclats du ciel s'unissent en une seule lumière, torche qui illumine pâlement dans l'obscurité, leurs reflets miroitent sur les vagues, comme leurs splendeurs sur ma psyché.

Ma conscience en repos, mon âme prend le dessus, mes pieds ne sont plus, le corps est de trop. Vision chamanique de notre vitesse : 4, 5 nœuds peut-être ? Et pourtant je reste un fantôme qui s'arrête, dans ce monde vivant. Tout parle, tout ressent ! Du toit choral au sol timide, des murs vides à la proue qui s'affirme, l'ensemble parle, et, je regarde.

Sur la poupe, le nom de mon bateau : Kafila.

Il signifie « caravane du désert ». Car, oui, ici, je suis solitaire. Et, pourtant, tellement remplie.

Dans ma contemplation, sans le vouloir, je prie, le vent qui apporte l'infini et l'étrange, je te prie toi, mat fier qui tangue, je prie mon ami Kafila, avec qui j'avance.

Si cette scène n'est pas de Dieu, en tout cas, elle n'est pas coïncidence.

_____

Bonjour,

Je viens vers vous la voix grave et le visage terne. Oh il se passe bien des fois, des choses graves sur cette terre.

Mais il y en a une ici,
Juste là.
Près de moi,
Derrière toi.
Par habitude on l'oublie, or moi, je la vois encore : on vous gave.
On vous gave de tout, comme des oies avant l'abattoir. Et vous restez silencieux, comme des oies déjà dans l'abattoir. Ça me gave.
Et cela tous les jours, de 8 à 17h30, du lundi au vendredi. De la première sonnerie jusqu'à la dernière sonnerie. Du premier « présent » au dernier « toujours pas ici ? ».

Vous la connaissez, la côtoyez depuis tout petits.
Combien de temps vous a-t-elle volé ? A être obligé, seul, silencieux, de rester assis.
C'est ces cours : des heures tuées à coups de matraque. Alors qu'elles sont comptées pour nous tous. Combien de temps avant TA crise cardiaque ?? Combien de temps avant notre grande secousse ?? Demain, tu mourras sans avoir rien connu. Un temps d'existence divisé sous prétexte d'un futur. Sous prétexte d'un futur…
Tous les jours on TE plante de coups, frappe dans le poitrail. On te prend ton temps, ici, on te prend tes sous ; chaque jour ! Une bataille !
Combien en sont morts ?
Et combien parmi vous sont blessés ?

Notre hôpital : nos chambres. Un jour de plus : la balle dans la chambre.

Et pourtant, à l'école on nous dit « vous devez travailler ». Travailler ? Le travail rapporte, le travail fait vivre. Le travail est un art de vie : et non une ogive ! Si elle doit s'arrêter à ça, ce n'est pas une vie, c'est un coup bas. Qui découpe les troupes, les bons soldats. Comme des mousses en chaloupes ou des mouches en bouches avant d'être croqué. Kraken de nos trousses dont la frousse émousse la liberté. Comme Bruce à la rescousse le week-end viendra nous sauver…

Et même là, l'idée des devoirs est une fixette qu'il faut voir dans les yeux des professeurs. Il en donne par haine, rancœur, ils oublient nos vies afin d'oublier la leur.

Ce n'est pas leurs fautes, ils ont été éduqués comme cela. « Oh oui il y a un moule à respecter, c'est tout, c'est comme ça »

Sauf que personne n'y coule parfaitement, et c'est ça la vie : la différence !

Donc mes camarades, qu'attendons-nous pour nous soulever ? Nous sommes plus nombreux, bien que moins armés !

Un système défaillant entraîne la faillite. Battons-nous pour la France ! Pour que tout subsiste !

Pour un monde sans école, sans travail illicite ! Un monde où seule la paix sera la boussole : où plus personne ne cherchera de « réussite ».

SARAH

Une nuit claire. On y voit bien dans l'obscurité. Les flammes dans tes yeux éclairent les flammes de mes mains : une étoile montrant le chemin, une lanterne pour me guider ; une femme pour intime flambeau… Bribes de gestes fins dans le noir. Libres d'inventer le nouveau : à la chandelle écrivons notre histoire. La plume reste muette pourtant, devant un corps dont l'écorce se déshabille ; la chaleur mordille l'aubier ce soir. Douce lumière de bougie qui se révèle entre tes lèvres. Une nouvelle porte ouverte, un nouveau rêve, où je suis attendue. Les bras ouverts, puisque le cœur s'est rendu. Autour de nous l'aura protectrice de nos souffles. Comme pour ranimer les braises de la nuit. Un seul feu dont mille gouttes ne pourraient briser la vie.

———————

Ma belle, ma douce, ma chérie,

Même si aujourd'hui tu remplis mon monde, le temps t'enlèvera de l'histoire. Malgré ton visage, tes gestes, ta voix, qui inondent tout mon être, comme des grands guerriers le temps fera taire les récits. Soir de poésie qui ne dure longtemps, ta vie est de passage dans la mienne. Je t'oublierai sûrement, ma jolie, s'effacera peu à peu ta scène dans le théâtre de ma vie.

Et plus tard, lorsqu'on me parlera de Sarah, je répondrai : « qui ? ».

Mais une brise vagabonde un jour sentira ton parfum, mais une nuit féconde, un jour, m'ébauchera ton dessin, mais une caresse donnée, un jour, me rappeler. Me rappellera ton nom. Je l'admirerais comme tout un tableau, haletant et perdu : une femme, ses mains, notre voyage, un (plusieurs ?) cœur nu.

Et alors viendra une artère, pulsion, battement fluide. Oh oui pendant une seconde je me souviendrai. Souviendrai de cette aventure lointaine et de cette fille que j'aimais.

Je sourirai pendant cette seconde, acide.

Acide car si par la suite, mon amour meurtri, s'échappe en pleurant. Sache, que je regretterai et sa mort et sa fuite. Et des souvenirs, qui eux se ravivent un instant, je ne regretterai que ton image qui s'effrite. Si avant ce court arrêt j'étais reine, pendant, je me retrouverai mendiante. Dieu seul saura pourquoi ma main tremblante, cherchera ta silhouette avec peine. Aumône de l'oubli. Je serai seule dans ma chapelle, suppliant ta présence réincarnée en faibles tournis, les mains pointées vers le ciel.

Donc ma belle, ma douce, ma chérie,
Si je t'oublie je m'en rappellerai
Car mon amour ne peut être terni par quelques longues années

Une rose, c'est trop banal
Elle est dans les bras de tous, fleur à 1€
Un simple symbole, plutôt un logo
Celui de l'amour et de son mal

Un tournesol, c'est trop commun
On ne les voit que par paquets
Ils n'ont qu'un seul but, un seul destin :
Suivre le soleil. Comme enfermé.

Non…
Si tu étais une fleur tu serais un bleuet
Dur à atteindre, facile à aimer
Un ciel avant le ciel, qui fait rougir les anges, (et cela avec une seule feuille). C'est d'ailleurs sûrement pour cela qu'on ne la voit jamais dans les mélanges de bouquets près des cercueils…
Elle devient vague avec le vent, flexible, infinie. Et le vague toujours l'attend : elle est partout cachée, sans endroit précis. Si bien qu'il faut de la chance pour la croiser dans l'herbe fleurie. Toute petite plante qui embrasse toute la prairie, de ses couleurs peintures.
Quelle richesse ! Tant l'œuvre est belle, son créateur a omis la signature

Quel artiste ! Celui qui a imaginé une teinte sans
pareille.
Quel orfèvre ! Celui qui réalise le portrait de ma belle.
Quel génie ! celui qui a façonné un ciel, avant le ciel.
Mon ciel avant le ciel.

———————

Malgré les bras branlants qui me collent
Et les pieds bouffants mes semelles
Je vais, marche, cours, vole
Comme un pauvre bouffon cherchant l'éternel

Cela fait des années déjà que ma montre ralentit,
Le passé ? Cela fait une minute, un mois, un an ?
Je n'écoute pas le sable, je vole par-dessus la vie
Comme de simple passage : ici, mais pas présent

Ma divinité me manque, mais je la trouvai.
Sinon la némésis sifflante sacrifiera mon cœur
Je volette vite car mon Dieu me l'a confiée,
Et je l'ai égarée : je ne veux sa rancœur.

Je bats des ailes comme un petit corbeau
Qui de l'art de voler découvre la base
Mais je ne chasse ni les vers ni les lapereaux ;
Je quête pour retrouver l'anabase

Ma sainte, où es-tu ? Je crois t'apercevoir
Dans l'aurore et dans les fleurs…
Ma sainte, ma foi me tue !
Reviens vers moi, mon âme se meurt…

———————

Avec toi je suis le vent. Je suis légère. A ta simple pensée je voyage. Je m'envole par-dessus la ville pour caresser les sommets. Je virevolte et jette les parapentes vers les nuages.

Je suis la brise qui sèche ton linge, comme la tempête qui échoue les bateaux. Bas, haut, je fais tout. J'essuie le ciel comme je l'habille, je peins la mer durant des milles, je transporte l'air jusqu'au fond des caveaux. Si l'eau fourmille dans tes rivières c'est car je la pousse. Je suis le vent d'été qui t'épouse, et le souffle qui te rafraîchit : je suis douce.

Je claque tes volets le soir, pour te rappeler que je suis là. N'aies pas peur, je suis là. Je ne pars que quand mer d'huile : quand les voiles tombent, je me fais docile… Mais quand on gronde au loin j'y cours : je suis invincible !! J'accompagne la pluie et le torrent. Plus ils crient, plus je me déchire la voix. Plus ils avancent, plus je les vois derrière moi. Je tabasse les murs, les tuiles des toits. Je tape tout sur mon passage…

Mais… je suis folle de toi, pas de rage.
Je t'aime, l'orage m'appelle, le vent tourne.
Pas les tables.

––––––––––––––

Si tu venais à disparaître…

Ma belle je te chercherai partout, le regard docile : vide
et doux
Car un seul coin de ton visage, une ombre, geste futile,
même au loin !
Remettrait des ramages sur mon cœur incertain.
Je brûle, je brûlerai, jusqu'à expirer :
Enfin une Jeanne d'Arc, un Jacques de Molay !
Une fin d'anarque, dans un ciel braise.
Oh, je ne peux que t'en savoir gré :
La gloire me tend son plus beau glaive.
Car je suis lion à mes temps perdus,
Et Belluaire quand le temps s'arrête :
Oui, quand la torche éclaire nos corps nus,
Je suis l'Amazone, et plus la bête.
L'amour est une bataille contre le monde,
Pourtant je souris : le cheval de toi m'assaille…
Oh, tant que je t'aime, jamais la morne tombe !
Tant que je t'aime, ce sera les fagots et la paille.

À suivre…